NOTES

SUR

M. le Duc Mathieu de Montmorency.

IMPRIMERIE

DE MADAME HUZARD (NÉE VALLAT LA CHAPELLE),
rue de l'Éperon, n°. 7.

NOTES

M. LE DUC MATHIEU DE MONTMORENCY.

O et præsidium et dulce decus meum !

HORACE.

Le meilleur panégyriste de M. le duc Mathieu serait celui qui aurait été le plus à portée de tenir un compte exact de ses bonnes œuvres et des traits les plus saillans de sa conversation ; les matériaux ne lui manqueraient pas ; mais précisément parce que le sujet est abondant, il est difficile à traiter. Comment enregistrer, comment raconter ce qui est habituel, ce qui est de tous les jours, de tous les momens ?

Le bien-faire et le bien-dire étaient chez lui aussi naturels que le marcher, et ceux qui vivaient dans son intimité, placés sous un charme perpétuel, ne songeaient point à tenir note de ses actions et de ses discours ; les étrangers en étaient plus frappés. C'est ainsi qu'on jouit sans réflexion de la lumière du soleil et de l'air qu'on respire. J'ai peut-être été trop près de lui pour avoir beaucoup à dire sur son compte, n'ayant à retracer que quelques circonstances de sa vie privée. Tout ce qu'il avait d'aimables et de sublimes qualités me revient à-la-fois dans la mémoire. Absorbé dans le sentiment de ses perfections, je ne puis en saisir que l'ensemble, et son éloge est dans l'impossibilité où je suis de produire à sa louange autre chose que des notes informes et sans suite.

J'ai eu l'honneur de voir, pour la première fois, M. de Montmorency en 1798, à Eclimont (1), chez Madame la duchesse de Luynes. Il était rentré en France depuis peu de temps, et quoique placé sous la surveillance ou plutôt sous la malveillance de la police révolutionnaire, il goûtait le bonheur de vivre au sein de sa famille.

Je voudrais, mais je ne puis décrire l'effet qu'il produisit sur moi au premier abord; il me sembla que nous nous étions connus de tout temps, et que nous ne faisions que nous retrouver après une longue séparation; cependant je

____

(1) Près Chartres (Eure-et-Loir).

n'avais jamais eu la moindre idée d'une manière d'être comme la sienne. Sa belle figure, sa voix sonore, sa jeunesse, sa vivacité tempérée par la douceur, sa passion pour la vertu, pour la gloire, pour la poésie, ses erreurs si excusables, son repentir si profond, sa sensibilté exquise; la sincérité, la candeur de son zèle religieux ; sa vie solitaire, chrétienne et philosophique à-la-fois ; enfin l'intérêt qu'inspire toujours un proscrit de haute origine, en faisaient à mes yeux un composé entièrement nouveau et tel qu'on pourrait l'imaginer dans une fiction ; pour tout dire en un mot, il me représentait un ange exilé sur la terre.

On pourrait faire un tableau extrêmement intéressant de la manière dont cette noble famille employait ses loisirs dans ces temps de trouble et de persécution, fuyant Paris où fumaient encore les hécatombes de la terreur, et dérobant les traces de son ancienne et brillante existence tantôt dans la vallée d'Éclimont, tantôt dans celle de Dampierre (1).

M. de Luynes se consolait du malheur des temps, en interrogeant l'histoire qui n'est

---

(1) Près Chevreuse (Seine-et-Oise).

guère autre chose que la série des malheurs du genre humain, ou méditait avec Smith sur les causes de *la richesse des nations*, ou rédigeait des mémoires sur l'agriculture, ou s'occupait de l'amélioration des troupeaux.

Madame de Luynes très-versée dans la langue des Pope et des Addison, habile dans l'art des Elzevier et des Didot, faisait ses délices de la littérature anglaise, et imprimait elle-même les productions de ses amis, ou le résultat de ses propres réflexions.

M. et Madame de Montmorency dirigeaient seuls l'éducation de leur fille chérie, alors âgée de huit à neuf ans. C'est ainsi que le Gouverneur futur de Monseigneur le duc de Bordeaux s'essayait, dans son intérieur, aux fonctions solennelles qui devaient faire un jour *l'effroi de sa conscience*, et que, pour le malheur de la France, il n'a jamais remplies.

Il se livrait ensuite à différens genres d'études et à des recherches profondes, soit sur la religion, soit sur la métaphysique, soit sur l'éducation, soit sur les meilleurs moyens de secourir l'indigence. Un rapport qu'il a fait à la Société philantrophique sur la méthode de Pestalozzi, prouve jusqu'à quel point ces sujets lui étaient familiers, et combien il avait de justesse et de clarté dans les idées. Après ces travaux sérieux, auxquels la littérature servait d'intermède, il goûtait le plaisir de la promenade avec toute l'ardeur d'un jeune homme et toute l'exaltation d'un poëte.

La vie des camps, les habitudes de la cour, la frivolité des cercles, la sécheresse de la politique les débats de la tribune n'avaient point altéré son goût pour la contemplation, ni refroidi son enthousiasme pour les beautés de la nature. J'avais l'honneur d'être le compagnon de prédilection de ses courses champêtres : c'est alors qu'il se montrait sous sa forme naturelle, ou plutôt qu'il prenait toutes les formes sans jamais cesser d'être lui-même, et que l'homme de cour, l'orateur, le guerrier, le diplomate, faisaient place à l'ami expansif, à *l'homme des champs*, à l'homme aimable par excellence, au maître dans l'art de la conversation agréable et instructive.

Il me confiait tous ses projets, qui tendaient toujours au bonheur de ses semblables, et je me glorifie de ce que, dans sa pensée, il voulait bien m'associer à leur exécution. Il était grand admirateur de Guillaume Penn : fonder une colonie ; porter dans une contrée barbare les lumières du Christianisme et de la civilisation, étaient à ses yeux le but le plus élevé que l'ambition pût se proposer, la plus belle gloire que l'homme pût acquérir.

Nous ne sortions jamais sans avoir en tiers avec nous Homère, Racine, Shakespear, La Fontaine, Thompson, Gray, Cowper ou Delille. Une teinte religieuse et mélancolique dans les ouvrages d'imagination étant ce qui convenait le mieux aux besoins de son cœur, les auteurs qui joignent cette double qualité au talent, étaient ceux auxquels il revenait le plus volontiers. D'après les noms que je viens de citer, on juge facilement que, comme tous les esprits raisonnables, il était neutre dans la question des classiques et des romantiques : il était digne d'admirer les premiers, mais il avait beaucoup de sympathie pour les seconds.

La simplicité de ses goûts avait parfois quelque chose d'enfantin que des esprits vulgaires auraient pu prendre pour un signe de médiocrité. Plusieurs fois, en parcourant ensemble le vaste parc de Dampierre, il dirigea mes pas vers les cabanes enfumées où d'honnêtes sabotiers exerçaient leur paisible industrie. Il s'y arrêtait avec complaisance ; il causait avec eux, et il me disait en les quittant : « Voilà d'heureux mortels ! » Faites descendre la religion au milieu de ces » solitaires ; joignez-y un peu de penchant à la

» rêverie, le goût des bonnes conversations, le
» sentiment qui fait aimer la campagne, et dites-
» moi si vous n'aimeriez pas infiniment cette
» vie - là. Pour moi, j'y trouverais tout ce qui
» me convient, et si le malheur des temps, les
» rigueurs de la fortune me forcent à prendre
» un état, je me fais sabotier. »

Cependant son inclination pour la solitude ne dégénérait pas en une manie sauvage. Souvent j'ai assisté avec lui à des fêtes villageoises ; mais il aimait sur-tout à les voir un peu de loin. Un jour nous nous étions arrêtés au haut de la colline où se voient les restes du vieux château de Chevreuse, et delà nous regardions des groupes de villageois dansant dans la prairie située au-dessous de nous. Ce spectacle lui était agréable ; mais en exprimant le plaisir qu'il y prenait, il ajoutait : « Nous sommes ici à la distance et dans
» le véritable point de vue qui conviennent pour
» jouir de la société des hommes et des joies de
» ce monde (1). »

---

(1) Sera-t-il permis à l'auteur de cette Notice de placer ici quelques vers qu'il a composés autrefois sur la mort de M. le duc de Luynes ? Il espère que la circonstance pourra lui faire pardonner de mettre au jour ce fragment dont le seul

Au printemps de 1799 , il eut une maladie qui
le mit à deux doigts de la mort, et qui , en for-

---

mérite est d'avoir été dédié à M. le duc Mathieu , qui seul
en a eu connaissance.

FRAGMENT D'UNE ÉPÎTRE A M. MATHIEU DE MONTMORENCY,
SUR LA MORT DE M. DE LUYNES, SON BEAU-PÈRE.

Année 1807.

Séjour où je bravai le sort injurieux ,
De ma jeunesse obscure asile glorieux *,
Que de fois dans tes prés j'ai vu la sombre automne
Aux pieds de l'aquilon déposer sa couronne ,
Et sur le front des bois entasser les vapeurs !
C'est ici que, fuyant Paris et ses rumeurs,
Albert **, ami des champs, des arts et de l'étude,
Entre le monde et lui mettait la solitude.
Mars au loin agitait les peuples et les rois ,
Et la France, pleurant sur ses propres exploits,
Courbait sous le malheur sa tête triomphante.
Toutefois dans ses jours de gloire et d'épouvante ,
La Paix qui se retire à l'ombre des vallons,
Faisait luire, en ces lieux, quelques faibles rayons,
Et des plaisirs encore ils conservaient l'image.
Tel le Tasse nous peint, loin des champs du carnage,
Un hameau respecté qu'habite la vertu.
    Je comptais vingt printemps, et n'avais pas vécu,
Quand la faveur d'Albert, changeant ma destinée ,

* Dampierre près Chevreuse.

** Charles-Amable Albert de Luynes.

tifiant ses sentimens religieux ; leur donna, je le
crains bien, une couleur plus sombre. A cette

M'ouvrit de ce château la route fortunée :
J'y courus, plein d'espoir.... Qui m'eût dit que mon cœur
Dût trouver l'amitié si près de la grandeur ?
Oui, l'amitié !.... Tous deux, bientôt d'intelligence,
Que ce mot entre nous effaça de distance ,
Noble Montmorency ! béni soit l'heureux jour
Qui de ce nœud sacré nous unit sans retour !
Quels beaux jours l'ont suivi ! Ces lieux, j'aime à le croire ,
De notre attachement garderont la mémoire.
Dans ce parc où le daim , par sa sécurité ,
D'un possesseur paisible atteste la bonté ;
Dans ces jardins plantés par une main savante *,
Mais veufs depuis long-temps de leur pompe élégante ,
Sur ces bancs de rochers dont l'immense prison
Cache de toutes parts les bords de l'horizon ,
O combien de momens ravis à la folie
Nous avons consacrés à la mélancolie ,
A l'amour des beaux vers, aux graves entretiens !
Mes jugemens moins sûrs s'appuyaient sur les tiens ;
Ton âme devant moi déployait sa richesse,
Et des fleurs de l'esprit tu parais la sagesse.
De l'inspiration allumant le flambeau,
Bientôt tu m'entraînais dans un monde nouveau,
Monde mystérieux , dont jamais le vulgaire
N'a pu même entrevoir la lueur passagère **.

* Le Nôtre.

** . . . . a fairer world
Of which the vulgar never had a glimpse.

THOMPSON'S *Seasons*.

époque, il ne croyait point avoir encore assez expié ce qu'il appelait les égaremens de sa jeunesse, et cette idée le poursuivant jusque dans le délire de la fièvre, l'agitait des plus vives terreurs. Il eût été à craindre, s'il eût alors quitté la vie, qu'il n'en fût sorti en désespérant de son salut; mais Dieu lui réservait une fin plus digne de la vie du juste, et il était destiné à donner au monde de grands exemples, en même temps qu'à rendre d'éminens services à la Religion, à la Monarchie et à l'Humanité.

Pendant cette maladie, il fit sur lui-même beaucoup d'observations philosophiques qu'on trouvera probablement consignées dans ses notes, et qui méritent de fixer l'attention des disciples de Locke et de Condillac.

Sur ces entrefaites, Madame de Staël arriva à Paris. Ce voyage fait époque dans les annales de la révolution française; car cette femme extraordinaire, telle que la Velleda de M. de Châteaubriand, avait le pouvoir de calmer comme d'exciter les orages politiques, et les craintes qu'elle inspirait à Bonaparte, empereur, prouvent qu'elle avait eu quelque influence sur les événemens qui amenèrent la chute du Gouvernement Directorial; mais ceci m'écarterait de mon sujet, et je ne dois pas le perdre de vue.

Aussitôt que M. de Montmorency fut entré en convalescence , il alla s'établir à Saint-Ouen , chez son illustre amie, et j'y passai huit jours avec lui. Heureux de l'y voir renaître avec la verdure et les fleurs, j'eus encore le plaisir d'être à même d'observer, dans la familiarité des scènes domestiques , deux personnes qui ont fait, chacune dans un genre différent, tant de bruit sur la scène du monde.

Si j'avais pu avoir quelques doutes sur la nature de leurs liaisons, ce séjour d'une semaine à Saint-Ouen , indépendamment des protestations d'un homme aussi loyal que M. de Montmorency, aurait suffi pour les dissiper. Il me fut démontré qu'il n'y avait jamais eu entre eux d'autre sympathie que celle qui existe entre les âmes généreuses et les esprits d'un ordre supérieur, et que leur attachement reposait sur les bases les plus respectables. Il y avait, dans l'amitié de M. de Montmorency pour Madame de Staël de la reconnaissance , une pieuse sollicitude, une juste admiration. L'affection de Madame de Staël pour M. de Montmorency ressemblait à une espèce de culte ; c'était le génie prosterné devant la vertu.

Mais qui pourrait donner une idée de leurs entretiens, de leurs discussions et même de leurs causeries ? Comment décrire ce luxe d'esprit, ces grâces d'élocution , cette rapide succession d'idées qui se fécondaient l'une par l'autre, cette finesse d'aperçus, ce mélange d'ingénieuses plaisanteries et de réflexions profondes? C'est peut-être la première fois qu'on a vu l'éloquence du barreau, de la chaire et de la tribune transportée dans la conversation familière sans être en discordance avec le ton de la meilleure compagnie. On peut vraiment se dire heureux d'avoir pu assister à ces brillantes improvisations, à cette espèce de joûte intellectuelle où la politesse faisait qu'il n'y avait ni vaincu ni vainqueur.

Vers la fin de cette année, arriva la fameuse journée du 18 brumaire. M. de Montmorency fut un instant du nombre de ceux qui supposaient à Bonaparte des intentions favorables à la famille des Bourbons, et dès-lors il se sentit appelé à travailler au rétablissement du pouvoir légitime. Mais bientôt il fut désabusé sur la politique de l'ambitieux consul, et il prévit que le jour de la restauration était encore éloigné : il résolut donc d'attendre les événemens en silence et de se tenir à l'écart; mais tourmenté du besoin d'être utile, il se consacra tout entier à la tutelle des pauvres, se créa en quelque sorte un ministère de charité et s'enveloppa de ses bonnes œuvres comme d'un manteau. Toutefois, on peut dire que M. de Montmorency reprit, dès ce moment, le caractère d'homme public, par la haute réputation de bienfaisance et de piété, qui, jointe à l'autorité de son nom, le mit bientôt en évidence.

A dater de ce moment aussi sa vie acquit une telle notoriété qu'il me serait difficile d'en rapporter quelque circonstance qui ne soit pas connue de ses autres amis. Cette dernière partie de sa carrière appartient donc à l'histoire, et je ne le suivrai pas sur ce nouveau théâtre, où nous l'avons vu remplir si dignement le rôle d'arbitre des peuples et des rois; mais je terminerai cet hommage à sa mémoire en y ajoutant quelques traits détachés qui pourront aider à le peindre.

Quelque temps après qu'ayant remis le portefeuille des affaires étrangères il fut rentré dans son modeste logement de l'hôtel de Luynes, je fus le voir; il était dans sa chambre à coucher, dont la simplicité annonçait si bien le détachement des choses d'ici-bas. La conversation tomba sur sa retraite du ministère; il me dit, avec un sourire de satisfaction : « Me voilà revenu chez moi; maintenant je n'en sortirai plus. » Et se tournant vers son lit : « *C'est ici que je mourrai.* » Au moment où il me parlait ainsi, l'âge n'avait point encore miné ses forces, il jouissait de la plénitude de la santé ; sa carrière politique n'était pas fermée sans retour ; mille circonstances pouvaient empêcher que ce présage ne s'accomplît... L'âme humaine a-t-elle donc quelquefois accès dans les mystères de l'avenir ?

M. de Montmorency n'a pas eu souvent occasion de signaler sa valeur héréditaire ; mais les rivages du Nouveau-Monde peuvent attester que, sous ce rapport, comme sous tant d'autres, il n'avait pas dégénéré de ses aïeux les connétables. Un de ses compagnons d'armes dans la guerre de l'indépendance Américaine, m'a souvent parlé, avec admiration, de la fermeté qu'il lui avait vu montrer dans des occasions périlleuses, et du contraste que formait son extrême jeunesse avec son courage réfléchi.

L'ami des arts devait prendre un vif intérêt au sort de la patrie d'Homère ; un descendant du premier baron chrétien devait applaudir aux efforts d'une nation chrétienne combattant, comme les anciens paladins, contre les ennemis de la croix : aussi faisait-il des vœux ardens pour l'affranchissement de la Grèce. « *C'est assez*, disait-il, *de sacrifices à la politique ; il est temps que la religion et l'humanité soient écoutées. Il faut avouer que les Grecs ont bien gagné leurs éperons.* »

M. de Montmorency était d'un naturel sérieux ; ses études, ses goûts, ses pensées, ses habitudes, son extérieur, sa manière de se loger, et jusqu'à ses délassemens, tout en lui et autour de lui avait un caractère de gravité. Néanmoins il avait souvent le sourire sur les lèvres ; il badinait avec grâce, et il aimait beaucoup l'enjouement qui ne dégénérait pas en bouffonnerie. Son grand usage du monde, la finesse de son tact et son habileté à saisir le ridicule eussent été redoutables dans la société, si sa modestie, sa bienveillance et sa parfaite urbanité n'eussent prévenu l'abus qu'il aurait pu faire de ces facultés naturellement offensives et ne les eussent changées en moyens de plaire.

Ceux qui ont demandé avec ironie quels étaient les titres littéraires de M. le duc Mathieu de Montmorency se montraient ou bien exigeans ou bien mal informés.

Que lui manquait-il pour avoir droit au fauteuil académique ? L'instruction ? Il en avait beaucoup plus qu'un homme de lettres n'est obligé d'en avoir. Non-seulement il avait fait d'excellentes études, mais même il n'avait jamais cessé d'étudier.

Il lui eût été facile de pénétrer jusque dans le sanctuaire des sciences, s'il avait eu plus de temps à leur consacrer ; mais sans être initié dans leurs mystères, il les avait presque toutes abordées de manière à se faire une idée nette de leurs résultats. De plus il était doué de cet esprit philosophique qui remonte à leurs principes, en déduit les conséquences, saisit les rapports qu'elles ont entre elles, les suit dans leur marche et s'intéresse à leurs progrès.

Il faisait grand cas des méthodes analytiques, et par leur moyen il avait acquis une connaissance intime des élémens de la grammaire générale et du mécanisme des langues; il en possédait plusieurs, et son discours de réception à l'Institut a prouvé, ce me semble, qu'il écrivait la sienne avec toute la pureté possible et avec une élégance peu commune. Ses lumières eussent été d'un grand secours à l'Académie pour la rédaction de ce Dictionnaire dont l'enfantement laborieux accuse moins la paresse de cette compagnie savante, que la difficulté de coordonner les idées de plusieurs personnes sur des matières abstraites. Il avait lu tout ce qu'il est nécessaire de lire pour être bien au fait de la littérature ancienne et moderne.

Était-ce le goût qui lui manquait? personne n'en avait un plus sûr, plus délicat, plus exercé; rien dans les productions de l'esprit n'échappait à la sagacité du sien, et juge sans prévention, il en indiquait les beautés comme les défauts,

avec un vif sentiment des unes et une saine cri-
tique des autres. Aucun auteur, dans un genre
quelconque, n'eût décliné son jugement, et tous
auraient pu profiter de ses conseils. Ses lettres
sont des modèles de cette grâce indéfinissable,
et de cet aimable abandon qui caractérisent le
style épistolaire, et pourraient seules lui faire
une réputation.

Enfin, d'après l'aptitude qu'il avait pour les
choses de raisonnement, et sa disposition à l'enthousiasme, il est difficile de décider s'il était
plutôt organisé pour les sciences exactes, que
pour la poésie. J'ai déjà dit combien il était sen-
sible au charme de cet art divin; j'ajouterai qu'il
avait un talent remarquable pour déclamer les
vers, et qu'il en composait quelquefois d'inspiration : c'est ainsi que, dans un accès de mélancolie douce et résignée, il a traduit l'élégie de
Gray sur un cimetière de campagne. Plusieurs
de nos poëtes se sont exercés sur ce chef-d'œu-
vre, et, à certains égards, son travail ne perd pas
à la comparaison. Entre autres vers qui luttent
de précision et d'harmonie avec l'original, on y
trouve celui-ci, que je choisis, parce qu'il exprime
une vérité qui devient aujourd'hui un triste à-
propos, et que nous pouvons lui en faire à lui-
même la douloureuse application.

Le chemin des honneurs aboutit au cercueil.